rubrique
-à-
brac

MARCEL GOTLIB

rubrique
-à-
brac

DARGAUD EDITEUR – PRESSES POCKET

le pélican

BONJOUR LES AMIS !
J'AIMERAIS VOUS PARLER
DU PÉLICAN. CAR JE SUIS
SÛR QUE VOUS NE SAVEZ RIEN
DU PÉLICAN. PERSONNE NE
CONNAÎT LE PÉLICAN. MOI-MÊME,
JE VEUX BIEN ÊTRE PENDU
SI JE POSSÈDE LE MOINDRE
SOUPÇON D'INDICE D'INFOR-
MATION CONCERNANT CE
RONGEUR. MAIS JE SUIS LE
GENRE DE GARS QUI AIME BIEN
FAIRE PROFITER LES AUTRES
DE SON IGNORANCE.

QUELQUES ÉCHANTILLONS EN VRAC :

PÉLICAN ADULTE   PÉLICAN ÂGÉ

PÉLICAN-
FARCE

SPöïNG

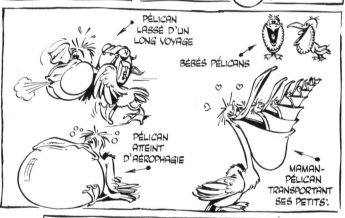

PÉLICAN
LASSÉ D'UN
LONG VOYAGE

BÉBÉS PÉLICANS

PÉLICAN
ATTEINT
D'AÉROPHAGIE

MAMAN-
PÉLICAN
TRANSPORTANT
SES PETITS.

LES AILES DU PÉLICAN PEUVENT ATTEINDRE
UNE TRÈS GRANDE ENVERGURE...

5

...AINSI QUE SES PATTES LARGEMENT PALMÉES.

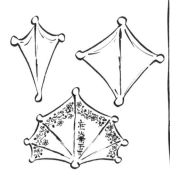

ENFIN, POUR TERMINER CETTE BRÈVE DESCRIPTION, AJOUTONS QUE LE PÉLICAN EST, AVEC LE KANGOUROU, LE SEUL OISEAU QUI POSSÈDE UNE POCHE VENTRALE SOUS LE BEC.

CETTE POCHE, DESTINÉE À RECEVOIR LA NOURRITURE, PEUT S'AGRANDIR

AU GRÉ DE L'ANIMAL.

6

POUR SE NOURRIR, LE PÉLICAN, PLANANT AU-DESSUS DE LA MER, EN OBSERVE LA SURFACE.

GRÂCE À UNE VUE DES PLUS PERÇANTES, IL REPÈRE LE POISSON NAGEANT À FLEUR D'EAU ET PIQUE DROIT DESSUS.

RIEN DE PLUS FASCINANT QU'UN PÉLICAN FONÇANT SUR SA PROIE.

PLAOUF

SINON DEUX PÉLICANS.

LE RALENTI PERMET D'ADMIRER L'HABILETÉ DU PÉLICAN HAPPANT SA PROIE EN ENTRANT DANS L'EAU.

CLAP

L'ACUITÉ VISUELLE DU PÉLICAN S'ATTÉ-NUE MALHEUREUSEMENT AVEC L'ÂGE. IL ARRIVE À DES PÉLICANS ÂGÉS D'Ê-TRE ATTEINTS DE MYOPIE.

ILS COMMETTENT ALORS DE REGRETTABLES ERREURS D'APPRÉCIATION.

LA MYOPIE D'UN PÉLICAN ÂGÉ FUT À L'ORIGI-NE D'UNE ANECDOTE AMUSANTE, ET RIEN QUE D'Y PENSER, MES YEUX SE MOUILLENT ENCORE DE LARMES DE RIRE. UN JOUR QU'IL SE PRÉLASSAIT SUR UN MATELAS PNEUMA-TIQUE, ISAAC NEWTON...

...FUT PRIS POUR UN POISSON, PAR UN DE CES VOLATILES SÉNILES. D'OÙ, DRAME.

POUM

CETTE MÉSAVENTURE FRAPPA ISAAC NEWTON, ET L'AMENA À FORMULER SA THÉORIE SUR LA CHUTE DES CORPS. (ANECDOTE PEU CONNUE. MOI-MÊME, JE NE L'AI APPRISE QU'HIER).

ET MAINTENANT, NOUS ALLONS ÉCOUTER LE CRI ÉTRANGE ET MÉLODIEUX DU PÉLICAN. VOILÀ:

CE CRI SI BEAU DANS SA CRUAUTÉ QU'UN POISSON QUI L'ENTEND NE PEUT EMPÊCHER SES CHEVEUX DE SE DRESSER SUR SA TÊTE: VOILÀ:

UN CRI MERVEILLEUX... ET FAROUCHE: ALLONS, ALLONS!

GUILI GUILI

VOICI UN PETIT CONTE PROUVANT QUE :

1°) POINT N'EST BON DE NE VOIR QUE LE MAUVAIS CÔTÉ DES CHOSES. (ET VICE-VERSA).

2°) DANS LA VIE, NULLE RICHESSE NE SAURAIT REMPLACER L'AMOUR ET LA BONTÉ. (CETTE DERNIÈRE SENTENCE S'APPLIQUANT, DE TOUTE FAÇON, À TOUT CONTE QUI SE RESPECTE).

IL ÉTAIT UNE FOIS UN PRINCE CHARMANT.

FIN ET RACÉ, IL ÉTAIT HABILE DANS LE MÉTIER DES ARMES ...

..POSSÉDAIT UN JOLI BRIN DE VOIX ET UN TALENT EXQUIS À TOURNER LE RONDEAU ...

ONCQUES NE VIT PLUS BELLE DAMOISELE LARIDOU-PAN-PAN-LARIDOU

PLONK ♪

... ET JOIGNAIT À TOUT CELA LES DONS D'UN BRILLANT CAVALIER.

OP KLIP KLOP KLOPIDI KLOP KLIPIDI

COMME ON PEUT LE VOIR, LA NATURE AVAIT ÉTÉ GÉNÉREUSE ENVERS LUI. UN JOUR QUE LE PRINCE ERRAIT DANS LA FORÊT EN QUÊTE DE L'INSPIRATION, IL ENTENDIT UN BRUIT ÉTRANGE S'ÉLEVANT DE LA RAMURE.

ÉCARTANT LE FEUILLAGE, IL VIT ALORS UNE JEUNE FEMME D'UNE GRANDE BEAUTÉ DONT TOUT LAISSAIT À SUPPOSER, DANS SON ALLURE EXTÉRIEURE, QU'ELLE ÉTAIT BERGÈRE.

JAMAIS IL NE S'ÉTAIT TROUVÉ FACE À SI JOLI VISAGE. LES LARMES LUI VINRENT AUX PAUPIÈRES. IL NE POUVAIT RÉPRIMER LES BATTEMENTS DE SON CŒUR.

RETENANT SES LARMES ET RÉPRIMANT À GRAND PEINE LES BATTEMENTS DE SON COEUR, IL S'A-VANÇA VERS LA BERGÈRE.

IL S'APERÇUT ALORS QUE PENDANT LE TEMPS QU'IL AVAIT PASSÉ À S'OCCUPER DE SES LARMES ET DE SES BATTEMENTS DE COEUR, LA BERGÈRE ÉTAIT PARTIE.

SEUL, SUR L'HERBE DE LA CLAIRIÈRE, ET PROUVANT AU PRINCE CHARMANT QU'IL N'AVAIT PAS ÉTÉ LE JOUET D'UNE ILLUSION, RESTAIT UN HUMBLE MOUCHOIR DE BATISTE...

TRISTEMENT, IL REPRIT LE CHEMIN DU RETOUR.

DÈS LORS, SON SOUVENIR FUT HANTÉ PAR CE VISAGE AVEC LEQUEL IL S'ÉTAIT TROUVÉ FACE À FACE. IL PERDIT L'APPÉTIT.

ALBERT, MANGE TON YAOURT!

J'EN VEUX PUS

13

SON ARDEUR AU COMBAT S'ÉMOUSSA...

NOT'MAÎTRE N'EST PLUS CE QU'IL ÉTAIT...

IL DEVINT MOINS BON CAVALIER...

KLOP KLOBIDIKLOP KLIBIDIKLOP K

PAR CONTRE, LE SOUVENIR DU VISAGE APERÇU LUI INSPIRA DES VERS DÉCHIRANTS.

ONCQUES NE VIT PLUS BELLE DAMOISELLE

PLONGQUES

UN JOUR QUE, SEUL AVEC SON SOUVENIR, IL ERRAIT TRISTEMENT DANS LA FORÊT, IL ENTENDIT DE NOUVEAU CE BRUIT ÉTRANGE QUI LUI AVAIT JADIS FAIT DRESSER L'OREILLE.

MÊÊÊÊÊÊ

ALLAIT-IL SE RETROUVER FACE À FACE AVEC LE VISAGE AIMÉ ? ÉTAIT-CE ELLE ? CETTE FOIS, IL NE PERDIT PLUS DE TEMPS !

COMME UN FOU, IL SE RUA DANS LA CLAIRIÈRE... C'ÉTAIT ELLE !

VOUS!

LE PRINCE CHARMANT COURUT VERS LA BERGÈRE. CELLE DONT IL AVAIT TANT RÊVÉ, IL LA RETROUVAIT ENFIN !

CELLE DONT LA FACE AIMÉE LE HANTAIT DEPUIS DE SI LONGS JOURS, IL ALLAIT ENFIN POUVOIR LUI PARLER !...

Ô VOUS...

MAIS SURTOUT, CELLE QU'IL AVAIT ENTRE-
VUE UN INSTANT, FACE À FACE, IL LA VIT
POUR LA PREMIÈRE FOIS DE PROFIL.

ET LE PRINCE CHARMANT RETOURNA À
SES CHEVAUX, SES DUELS ET SES RON-
DEAUX EN SONGEANT, NON SANS UNE
CERTAINE AMERTUME, QUE LES APPAREN-
CES SONT PARFOIS BIEN TROMPEUSES.

ON DEVRAIT TOUJOURS
VOIR LES GENS DE
FACE ET DE PROFIL À
LA FOIS !!

...et le cercle fut !

ON S'EXTASIE TOUJOURS SUR L'INVENTION DE LA ROUE, MAIS ON OUBLIE QU'AVANT LA ROUE, IL A FALLU INVENTER *LE CERCLE.*

C'EST LOGIQUE, SANS CERCLE, PAS DE ROUE. PEU DE GENS SAVENT COMMENT LE CERCLE FUT INVENTÉ. MOI-MÊME, JE NE LE SAIS QUE DEPUIS HIER MATIN. JE VAIS, SI CELA, TOUTEFOIS, N'EST POINT PAR TROP VOUS IMPORTUNER, VOUS NARRER PAR LE MENU CE TRUC-LÀ.

ET D'ABORD, IL FAUT BIEN SE METTRE UNE CHOSE DANS LA TÊTE, C'EST QU'EN CES TEMPS RECULÉS DITS "PRÉHISTORIQUES": *LE CERCLE N'EXISTAIT PAS.* LES GRAVURES RUPESTRES EN FONT FOI ET LES SAVANTS QUI LES ONT ÉTUDIÉES EN SONT RESTÉS COMME DEUX CARRÉS DE FLAN.

ON A MÊME RETROUVÉ DES OBJETS DATANT DE CETTE ÉPOQUE ET CORROBORANT CE FAIT, OBJETS QU'ON PEUT ADMIRER AU LOUVRE. SI VOUS Y ALLEZ, VOUS POUVEZ DEMANDER À LES VOIR, MAIS NE DITES PAS QUE VOUS VENEZ DE MA PART.

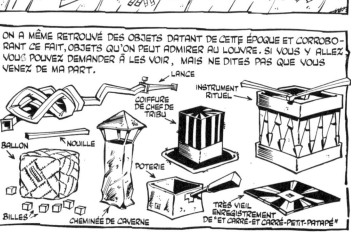

BALLON — NOUILLE — LANCE — COIFFURE DE CHEF DE TRIBU — INSTRUMENT RITUEL — POTERIE — BILLES — CHEMINÉE DE CAVERNE — TRÈS VIEIL ENREGISTREMENT DE "ET CARRÉ-ET CARRÉ-PETIT-PATAPÉ"

À CETTE ÉPOQUE, LES HOMMES ÉTAIENT COMME ÇA :

J'EN ENTENDS DÉJÀ QUI ME DISENT QUE SI LE MÉTRO AVAIT EXISTÉ, IL AURAIT ÉTÉ FACILE DE LES Y CASER.

À CEUX-LÀ, JE RÉPONDS QUE PEUT-ÊTRE, MAIS LÀ N'EST POINT LA QUESTION.

CES GENS LÀ, S'ILS ÉTAIENT CARRÉS EN AFFAIRES, MANQUAIENT TOUTEFOIS D'UNE CERTAINE RONDEUR DANS LEURS MANIÈRES.

MAIS, BIEN QU'ILS N'EUSSENT PAS LE ROND, ILS ÉTAIENT HEUREUX À PART LES PETITS ENNUIS PASSAGERS.

BRING
BONG BANG
BIDING
BRONGODONG

DITES, J'AI COMME UN BRUIT DANS MON MOTEUR.

C'EST POURTANT UNE 8 PARALLÉLIPIPÈDES-RECTANGLES EN V

IL N'Y A QUE LA POULE QUI N'ARRIVAIT PAS À S'HABITUER À CET ÉTAT DE FAIT.

OUAÏLLE

KAÏ! KAÏ! KAÏÏÏ!

POULE EN TRAIN DE PONDRE (RECONSTITUTION D'APRÈS DOCUMENTS).

BREF, SI TOUT NE TOURNAIT PAS ROND, LE CARRÉ DE FAMILLE MENAIT TOUT DE MÊME UNE GENTILLE PETITE VIE.

ON A SOUVENT BESOIN DE PETITS CUBES CHEZ SOI.

MAIS DE GRANDES CHOSES SE PRÉPARAIENT. CAR EN EFFET, DANS UNE HUMBLE ÉCOLE DE VILLAGE, IL Y AVAIT UN PETIT PROFESSEUR...

surface = 28 m²

racine carrée

TOUT LE MONDE L'AIMAIT BIEN CAR IL ÉTAIT CONSCIENCIEUX ET N'AVAIT PAS SON PAREIL POUR TRACER, D'UN COUP DE MAIN MAGISTRAL, UN CARRÉ PARFAIT AU TABLEAU NOIR.

MAIS, SOUS DES DEHORS PARFAITEMENT RESPECTABLES, LE PETIT PROFESSEUR CACHAIT UN HONTEUX SECRET.

SORTEZ SANS BRUIT.

EN EFFET, SITÔT CHEZ LUI, DANS SA PETITE CAVERNE MANSARDÉE SOUS LES TOITS, IL N'AVAIT QU' UNE HÂTE...

... C'ÉTAIT DE SE PRÉCIPITER AVEC ABJECTION SUR UNE BOUTEILLE !..

OUI ! HONTE SUR LUI ! HONTE ET HORREUR, LE PETIT PROFESSEUR BUVAIT !..

GLOUP GLOUP

SEUL, À L'ABRI DE TOUT REGARD, IL SE GAVAIT D'ALCOOL JUSQU'À ÊTRE COMPLÈTEMENT CARRÉ.

...CHEVALIERS DE LA TABLE CARRÉE...

HIPS

C'EST DANS CET ÉTAT LAMENTABLE QU'IL ARRIVA UN BEAU MATIN POUR FAIRE SA CLASSE.

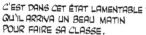

OUVREZ...HIPS VOS CAH-HIC VOS CAHIERS

D'UNE VOIX PÂTEUSE, IL COMMENÇA SON COURS, DÉSHONORANT LE CORPS ENSEIGNANT.

MES ENFANTS... HIPS...AUJOURD'HUIPS, NOUS ALLONS...ÉTU-DHIPS LE CARRIPS

MAIS SA MAIN TREMBLANTE NE LUI OBÉISSAIT PLUS ET, AU MOMENT DE TRACER AU TABLEAU UN DE CES SUPER-BES CARRÉS DONT IL AVAIT LE SECRET...

STOP!

VOUS AVEZ VU !.. VOUS AVEZ VU L'ÉTRANGE FIGU-RE QUE L'IVRESSE A FAIT TRACER AU PETIT PROFESSEUR?
EH OUI !
UN CARRÉ RATÉ, CERTES, MAIS UN CERCLE PARFAIT !..
ÇA Y ÉTAIT !
LE CERCLE ÉTAIT NÉ !..

CE FUT UNE RÉVOLUTION. LA PHYSIONOMIE ENTIÈRE DU MONDE CHANGEA. ON USA ET ABUSA DU CERCLE.

JE NE BOIRAI PLUS UNE GOUTTE D'ALCOOL.

DÉ

ÉCHIQUIER (QUELQUES ABUS DU CERCLE)

JE NE SUIS PAS FÂCHÉ D'EN AVOIR FINI AVEC CES DESSINS IDIOTS.

21

LE CERCLE
S'INTRODUISIT DANS
TOUS LES DOMAINES,
LES ARTS, LES
LETTRES, LES
SCIENCES, LA
TECHNIQUE ...ETC

ET C'EST ALORS,
*ET ALORS SEU-
LEMENT*, QUE
L'ON INVENTA :

LA ROUE.

ET IL ÉTAIT TEMPS CAR LE BESOIN
COMMENÇAIT À S'EN FAIRE
RUDEMENT SENTIR.

AVANT TOUTE CHOSE, J'AIMERAIS FAIRE ICI UNE MISE AU POINT. J'AI LU RÉCEMMENT DANS UN JOURNAL TRÈS SÉRIEUX UN ARTICLE - PAR AILLEURS FORT INTÉRESSANT - TRAITANT DE L'INFAILLIBILITÉ DE LA MÉMOIRE CHEZ L'ÉLÉPHANT. LOIN DE MOI LA PENSÉE DE METTRE EN DOUTE LES IDÉES DE MON DISTINGUÉ CONFRÈRE REISER, AUTEUR DE CET ARTICLE. JE DÉSIRE SIMPLEMENT CITER UN CAS PRÉCIS, FRUIT D'UNE OBSERVATION PERSONNELLE :

J'AI CONNU, MOI, UN ÉLÉPHANT SAVANT QUI, ENTRE AUTRES TOURS, ÉTAIT CAPABLE DE RÉCITER PAR CŒUR LA TABLE DE MULTIPLICATION DES 7. EH BIEN, (ET C'EST LÀ OÙ JE VEUX EN VENIR), IL N'A JAMAIS ÉTÉ FICHU DE SE RAPPELER 7 FOIS 8.

ATTENDEZ VOIR... ÇA VA ME REVENIR

72!

NE SOUFFLEZ PAS, LÀ BAS!

64!

ALORS VOUS COMPRENEZ, QUAND ON ME CAUSE "MÉMOIRE D'ÉLÉPHANT", JE ME PERMETS DE RIGOLER EN DOUCE, ET C'EST TOUT.

MAIS FOIN DES QUERELLES D'EXPERTS. JE RESTERAI DANS LE MONDE ANIMAL POUR VOUS PARLER AUJOURD'HUI DE CETTE BÊTE CHARMANTE QU'EST LE CASTOR.
BIEN QU'IL S'EN DÉFENDE, LE CASTOR EST AVANT TOUT AQUATIQUE.

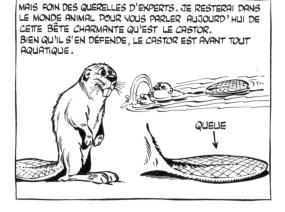

QUEUE

SA QUEUE, D'UNE FORME TRÈS SPÉCIALE, LUI SERT DE GOUVERNAIL LORSQU'IL ÉVOLUE DANS L'EAU.

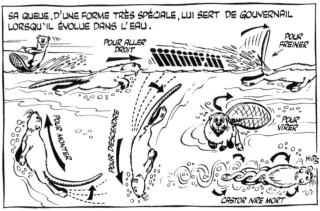

CAS DRAMATIQUE D'UN CASTOR PRIS D'UNE SOUDAINE CRAMPE DE LA QUEUE PENDANT QU'IL NAGE :

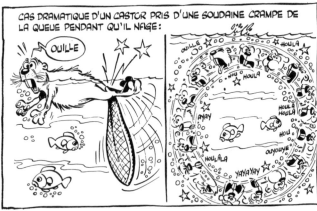

LE CASTOR EST UN GRAND ARCHITECTE. IL SE CONSTRUIT UNE HABITATION CONFORTABLE EN FORME DE HUTTE, SITUÉE AU MILIEU D'UN PLAN D'EAU, ET À LAQUELLE IL ACCÈDE PAR DES ENTRÉES SOUS-MARINES.

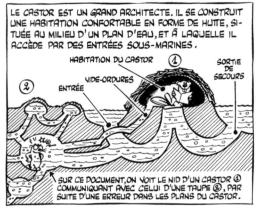

SUR CE DOCUMENT, ON VOIT LE NID D'UN CASTOR ① COMMUNIQUANT AVEC CELUI D'UNE TAUPE ②, PAR SUITE D'UNE ERREUR DANS LES PLANS DU CASTOR.

EN OBSERVANT LE NID DU CASTOR, ON S'APERÇOIT QU'IL PRÉSENTE UN INCONVÉNIENT. EN EFFET, EN CAS DE CRUE :

LE NIVEAU MONTE. L'EAU INONDE LE NID. (PRINCIPE DES VASES COMMUNIQUANTS).

PAR CONTRE, EN PÉRIODE DE SÉCHERESSE :

PLUS D'EAU DU TOUT. LES ENTRÉES DU NID SE TROUVENT DÉVOILÉES.

IL Y A DES COURANTS D'AIR, ICI !!

JE VIENS VOUS VOIR AU SUJET D'UNE QUESTION DE VIOLATION DE DOMICILE...

POUR REMÉDIER À CELA, LE CASTOR CONSTRUIT UN PETIT BARRAGE QUI MAINTIENT CONSTANT LE NIVEAU DE L'EAU. DEVANT UNE TELLE INGÉNIOSITÉ, ON RESTE BABA, SI J'OSE EMPLOYER CETTE EXPRESSION TRIVIALE.

J'AIMERAIS ÉGALEMENT ABORDER LE PROBLÈME DE VOTRE VIDE-ORDURES !

GRÂCE À SES DEUX INCISIVES, LE CASTOR RONGE DES TRONCS D'ARBRES QUI AINSI ABATTUS, DÉBITÉS, ÉBRANCHÉS, SERVENT DE MATÉRIAUX À LA CONSTRUCTION DU BARRAGE.

SCRATCH SCRATCH

TIMBER!!

CRRAAATCH

ICI SE PLACE UNE ANECDOTE AMUSANTE QUE PEU DE PERSONNES CONNAISSENT (JE L'AI APPRISE PAS PLUS TARD QU'HIER). UN JOUR, ISAAC NEWTON PRENAIT LE FRAIS SOUS UN POMMIER.

DISTRAIT COMME LE SONT TOUS LES SAVANTS, IL N'AVAIT PAS REMARQUÉ QU'UN CASTOR ÉTAIT JUSTEMENT EN TRAIN DE RONGER LE TRONC DE CE POMMIER. AUSSI...

CETTE MÉSAVENTURE SE GRAVA DANS L'ESPRIT D'ISAAC NEWTON ET LUI PERMIT D'ÉCHAFAUDER SA FAMEUSE THÉORIE SUR LA CHUTE DES CORPS. CHAQUE FOIS QUE JE PENSE À CETTE ANECDOTE, JE RIS COMME UN FOU.

MAIS REVENONS À NOTRE SUJET. LE CASTOR PEUT AINSI SE CONSTRUIRE PLU-
SIEURS NIDS, COMMUNIQUANT ENTRE EUX. CELA LUI PERMET DE SE MÉNAGER
DIVERSES ISSUES EN CAS DE DANGER. EXERCICE PRATIQUE : COMMENT UN CASTOR
SE TROUVANT EN (B) FERA-T-IL POUR SORTIR EN (A) ?

JE NE SAIS PAS SI VOUS AVEZ TROUVÉ. EN CE QUI ME
CONCERNE, JE N'AI PAS TROUVÉ. EN CE QUI CONCERNE
LE CASTOR, IL N'A PAS TROUVÉ NON PLUS.

MAIS TOUS CES PETITS TRACAS N'EMPÊCHENT PAS NOTRE AMI
LE CASTOR DE MENER UNE VIE AGRÉABLE, AVEC TOUTE SA
PETITE FAMILLE, DANS SON NID DOUILLET.

MA CHÉRIE, J'AI UNE SUR-PRISE POUR TOI! J'AI CONS-TRUIT UNE NOUVELLE GALE-RIE! ET PUISQUE C'EST DIMANCHE, PRÉPARE LE PETIT, JE VOUS EMMÈNE LA VISITER!

CHIC!

VOUS ALLEZ VOIR, ÇA DÉBOUCHE À L'AUTRE EXTRÉMITÉ DU LAC, UN ENDROIT TRÈS TRANQUILLE!...

CETTE FOIS, J'AI BIEN ÉTUDIÉ MON PLAN!

CORRESPONDANCE DIR.ᵗⁱᵉ P.ᵗᵉ DE LA VILLETTE IVRY-BALARD.

SORT AU-DELÀ DE LES BILLET

C'EST LÀ-DESSUS QUE NOUS QUITTERONS LE CASTOR ET SON AIMABLE FAMILLE, EN LUI SOU-HAITANT DE RETROUVER SON CHEMIN.

• • •

AVANT DE CLORE CE CHAPITRE, J'AIMERAIS FAIRE ICI UNE MISE AU POINT. J'AI SOUS LES YEUX UNE REVUE MÉDICALE TRÈS SÉ-RIEUSE, COMPORTANT UN ARTI-CLE QUI TRAITE DES EFFETS NÉ-FASTES DU TABAC, NOTAMMENT SUR LA MÉMOIRE.

OR, (ET ÇA ME REVIENT BRUSQUEMENT) L'ÉLÉPHANT SAVANT DONT JE PARLAIS AU DÉBUT, ENTRE AUTRES TOURS, FUMAIT UN PAQUET DE CIGARETTES PENDANT SON NUMÉRO. (DEUX LES JOURS DE MATINÉES)

DU COUP, ÇA NE M'ÉTONNE PLUS SI SA MÉMOIRE LAIS-SAIT PARFOIS À DÉSIRER. JE M'EXCUSE AUPRÈS DE MON DISTINGUÉ CONFRÈRE REISER.

IL Y A DES GENS QUI ACCUSENT LA BANDE DESSINÉE D'ÊTRE IMMO- RALE, DE FAVORISER LE CULTE DU HÉROS, DE METTRE EN SCÈNE DES PERSONNAGES CRUELS ET LÂCHES, ET QUE SAIS-JE ENCORE. C'EST POUR NE PAS TOMBER SOUS LE COUP DE CES ACCUSA- TIONS QUE J'AI ILLUSTRÉ AU- JOURD'HUI "LE PETIT POUCET" DE CHARLES PERRAULT. CETTE HISTOIRE A ÉTÉ RACONTÉE PAR DES GÉNÉRATIONS DE PARENTS, À DES ENFANTS DONT L'ÂGE MOYEN SE SITUE ENTRE 4 ET 8 ANS. JE SUIS DONC COUVERT.

NOTA: TOUT CE QUI EST ÉCRIT "*EN ITALIQUE ET SOULIGNÉ*" EST EXTRAIT DU TEXTE ORIGINAL, SANS CHANGER UNE VIRGULE. OR DONC...
"*IL ÉTAIT UNE FOIS UN BÛCHERON·ET UNE BÛCHERONNE QUI AVAIENT SEPT ENFANTS, TOUS GARÇONS*."

"*ILS ÉTAIENT FORT PAUVRES, ET LEURS SEPT ENFANTS LES INCOMMODAIENT BEAUCOUP PARCE QU'AUCUN D'EUX NE POUVAIT GAGNER SA VIE*".

VIENT ENSUITE LA DESCRIPTION DU HÉROS. LIBRE À QUICONQUE DE LUI VOUER UN CULTE :
"IL ÉTAIT FORT PETIT, ET QUAND IL VINT AU MONDE, IL N'ÉTAIT GUÈRE PLUS GRAND QUE LE POUCE CE QUI FIT QU'ON L'APPELA LE PETIT POUCET."

"CE PAUVRE ENFANT ÉTAIT LE SOUFFRE-DOULEUR DE LA MAISON ET ON LUI DONNAIT TOUJOURS TORT".

QUI A DÉRANGÉ LES CINQ TONNES DE BOIS QUI ÉTAIENT DANS LA COUR !?!

C'EST LUI M'MAN !!

TU NE PENSES DONC QU'À FAIRE LE MAL !?

C'EST NORMAL, À FORCE DE LIRE TOUS CES ILLUSTRÉS

"IL VINT UNE ANNÉE TRÈS FÂCHEUSE ET LA FAMINE FUT SI GRANDE QUE CES PAUVRES GENS RÉSOLURENT DE SE DÉFAIRE DE LEURS ENFANTS".

TU CROIS... VRAIMENT ?..

JE NE VOIS GUÈRE D'AUTRE SOLUTION ...

"...JE NE SAURAIS LES VOIR MOURIR DE FAIM DEVANT MES YEUX, ET JE SUIS RÉSOLU DE LES MENER PERDRE DEMAIN AU BOIS, CE QUI SERA BIEN AISÉ ; CAR TANDIS QU'ILS S'AMUSERONT À FAGOTER, NOUS N'AURONS QU'À NOUS ENFUIR SANS QU'ILS NOUS VOIENT".

"... AYANT CONSIDÉRÉ QUELLE DOULEUR CE LUI SE-RAIT DE LES VOIR MOURIR DE FAIM, ELLE Y CONSENTIT ET ALLA SE COUCHER EN PLEURANT."

"LE PETIT POUCET...!... S'ÉTAIT GLISSÉ SOUS L'ESCABELLE DE SON PÈRE POUR LES ÉCOUTER SANS ÊTRE VU".

IL SE LEVA DE BON MATIN ET ALLA AU BORD D'UN RUISSEAU OÙ IL REMPLIT SES POCHES DE PETITS CAILLOUX BLANCS."

LE LENDEMAIN, DONC, COMME CONVENU, CES PARENTS MODÈLES EMMÈNENT LEURS ENFANTS EN FORÊT. "LE PÈRE ET LA MÈRE LES VOYANT OCCUPÉS À TRAVAILLER S'ÉLOIGNÈRENT D'EUX INSENSIBLEMENT...

"... ET PUIS S'ENFUIRENT TOUT À COUP PAR UN SENTIER DÉTOURNÉ."

"LORSQUE CES ENFANTS SE VIRENT SEULS, ILS SE MIRENT À CRIER ET À PLEURER DE TOUTES LEUR FORCE."

"NE CRAIGNEZ POINT, MES FRÈRES ; MON PÈRE ET MA MÈRE NOUS ONT LAISSÉS ICI, MAIS JE VOUS RAMÈNERAI AU LOGIS : SUIVEZ-MOI SEULEMENT."

CEPENDANT, LE BÛCHERON ET LA BÛCHERONNE, DE RETOUR CHEZ EUX ÉTAIENT TRISTES. PAR CHANCE, LE SEIGNEUR DU VILLAGE LEUR ENVOYA DIX ÉCUS QU'IL LEUR DEVAIT, CE QUI LES CONSOLA. EN POSSESSION DE CET ARGENT, QUI RENVERSAIT LA SITUATION, ON DEVINE FACILEMENT QUEL FUT LEUR PREMIER GESTE :

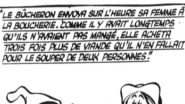

"LE BÛCHERON ENVOYA SUR L'HEURE SA FEMME À LA BOUCHERIE. COMME IL Y AVAIT LONGTEMPS QU'ILS N'AVAIENT PAS MANGÉ, ELLE ACHETA TROIS FOIS PLUS DE VIANDE QU'IL N'EN FALLAIT POUR LE SOUPER DE DEUX PERSONNES."

"LORSQU'ILS FURENT RASSASIÉS, LA BÛCHERONNE DIT : "HÉLAS ! OÙ SONT MAINTENANT NOS PAUVRES ENFANTS ?"... /... LE BÛCHERON S'IMPATIENTA À LA FIN .../... IL LA MENAÇA DE LA BATTRE SI ELLE NE SE TAISAIT."

BREF, TOUT S'ARRANGE, LES ENFANTS REVIENNENT GRÂCE AUX CAILLOUX SEMÉS PAR LE PETIT POUCET. "MAIS LORSQUE L'ARGENT FUT DÉPENSÉ, ILS RETOMBÈRENT DANS LEUR PREMIER CHAGRIN, ET RÉSOLURENT DE LES PERDRE ENCORE; ET POUR NE PAS MANQUER LE COUP, DE LES MENER PLUS LOIN QUE LA PREMIÈRE FOIS".

OUI, MAIS NOTEZ BIEN

"... DÈS QU'ILS Y FURENT, ILS GAGNÈRENT UN FAUX-FUYANT ET LES LAISSÈRENT LÀ"

LE PETIT POUCET CROYAIT POUVOIR RETROUVER SON CHEMIN GRÂCE À DES MIETTES DE PAIN QU' IL AVAIT SEMÉES ... "MAIS IL FUT BIEN SURPRIS.../... LES OISEAUX .../... AVAIENT TOUT MANGÉ".

BURP

VOILÀ DONC LES PAUVRES ENFANTS PERDUS DANS CETTE FORÊT HOSTILE, PLEINE DE LOUPS, SOUS UNE PLUIE BATTANTE, DANS UN VENT EFFROYABLE, AU MILIEU D'UNE TEMPÊTE AFFREUSE, TOMBANT DANS LA BOUE (J'ABRÈGE POUR NE PAS FATIGUER LE LECTEUR) ...

LE PETIT POUCET, DU HAUT D'UN ARBRE, VIT UNE LUMIÈ-RE VERS LAQUELLE ILS SE DIRIGÈRENT. JOIE, C'ÉTAIT UNE MAISON. ILS FRAPPÈRENT. MAIS IL ÉTAIT DIT QU' ILS SE TROUVAIENT DANS UN MAUVAIS JOUR !

"HÉLAS ! MES PAUVRES ENFANTS, OÙ ÊTES-VOUS VE-NUS ? SAVEZ-VOUS BIEN QUE C'EST ICI LA MAISON D'UN OGRE QUI MANGE LES PE-TITS ENFANTS ?"

TOUJOURS EST-IL QUE LA FEMME DE L'OGRE ACCEPTA DE CACHER LES ENFANTS. ICI INTERVIENT UN PERSONNAGE IMPORTANT : L'OGRE. IL FAIT SON ENTRÉE EN PRONONÇANT LA FAMEUSE PHRASE HIS-TORIQUE :

"JE SENS LA CHAIR FRAÎCHE !"

BIEN ENTENDU, IL NE TARDE PAS À DÉ-COUVRIR LES MALHEUREUX. ALORS : "IL ALLA PRENDRE UN GRAND COUTEAU !"

L'OGRE ACCEPTE DE REMETTRE SON REPAS AU LENDEMAIN. SUIT UNE FORT BELLE DESCRIPTION DES 7 FILLES DE L'OGRE QUI : *"...AVAIENT TOUTES LE TEINT FORT BEAU PARCE QU'ELLES MANGEAIENT DE LA CHAIR FRAÎCHE COMME LEUR PÈRE".*

ICI SE PLACE LE MEILLEUR GAG DE L'HISTOIRE : L'OGRE DÉCIDE D'EN FINIR AVEC LE PETIT POUCET ET SES FRÈRES LA NUIT MÊME. MAIS L'ASTUCIEUX GARNEMENT A PRIS SOIN D'ÔTER LES COURONNES QUI COIFFENT LES FILLETTES, ET D'EN AFFUBLER SES AÎNÉS ET LUI-MÊME, D'OÙ, QUIPROQUO.

"AH! LES VOILÀ NOS GAILLARDS! TRAVAILLONS HARDIMENT."

NOTEZ BIEN LE GAG : EN RÉALITÉ, NOS GAILLARDS SONT LÀ!

LE RESTE EST MOINS PASSIONNANT. L'ACTION LANGUIT. LE PETIT POUCET SE SAUVE AVEC SES FRÈRES. IL PARVIENT ENSUITE À NEUTRALISER L'OGRE EN LUI VOLANT SES BOTTES DE SEPT LIEUES. APRÈS QUOI, LES GAMINS RETROUVENT LEURS PARENTS, ET TOUT S'ACHÈVE DANS UNE APOTHÉOSE DE JOIE GÉNÉRALE. À MON AVIS, LA FIN DE L'HISTOIRE EST UN PEU FAIBLE.

chanson rose, chanson mauve...

Les enfants sont vrai-
ment de grands gosses...

Leur plaisir favori, c'est
de marcher dans les flaques
d'eau laissées par les
giboulées de Mars...

...ou bien, en hiver, de
faire un crochet pour
piétiner le plus gros
tas de neige...

... ou encore, de disperser
à grands coups de pieds
les tas de feuilles mortes
que les balayeurs amassent
à grand peine, en
automne.

Comme tout le monde, les
enfants passent des heures à
regarder les petits trucs
brillants qui dansent dans
un rayon de soleil.

... mais ils sont sûrement
les seuls à être assez habi-
les pour attraper un de
ces petits trucs brillants.
Ils ont le coup de main...

Ils sont aussi les seuls à VOIR les bourgeons pousser, à les ENTENDRE éclater. Car les enfants ont la vue perçante et l'ouïe fine.

Attention à ce qu'on dit aux enfants !... Par exemple, ils seront déçus de ne pas voir sortir le petit oiseau annoncé ...

... et, une fois seuls, seront capables d'aller y voir de plus près. Car les enfants sont curieux.

...et vous savez la meilleure ? Un oiseau sort VRAIMENT de l'appareil !... Et ça, personne ne le sait.

Alors, les enfants font ce qu'on leur a dit de faire : Ils mettent du sel sur la queue de l'oiseau.

Et ça marche ! Ils attrapent l'oiseau ! Car les enfants sont cruels.

VOULEZ-VOUS ME LÂCHER, GROSSE BRUTE !?

On voit parfois des enfants qui, longeant un muret, font courir leurs doigts dessus.

Mais les doigts ne sont pas des doigts ! Ce sont les jambes d'un lutin qui accompagne les enfants sur le chemin de l'école.

Et ça, personne ne le sait. Comme personne ne sait que lorsque les enfants marchent, à pas comptés, au bord d'un trottoir...

... ils longent en réalité un précipice, profond de 1000 kilomètres...

Lorsqu'ils arrivent au bout du trottoir, ils l'ont échappé belle, sans qu'on s'en doute. Car les enfants sont des héros.

C'est comme pour la radio. Les enfants disent que les artistes sont cachés dans cette boîte en bois. Et alors, tout le monde rit.

Mais quand tout le monde est parti, les artistes sortent VRAIMENT de la boîte en bois !

Et ils chantent rien que pour les enfants. Et ça, personne ne le sait.

Comme tout le monde, les enfants aiment regarder les gros nuages blancs.

Mais EUX y voient plein de choses curieuses...

...et ça, personne ne le sait.

Et puis, un beau jour, les enfants font des découvertes étranges...

39

Voilà que soudain, les trucs brillants qui dansaient dans le rayon de soleil se transforment en poussière grise...

...voilà qu'ils ne voient plus les bourgeons pousser, qu'ils ne les entendent plus éclater, même en faisant très attention...

...voilà que dans l'appareil-photo, ils ne trouvent plus aucun oiseau...

...voilà qu'au bord du trottoir, il n'y a plus de précipice, mais un caniveau à la limpidité douteuse...

...voilà que le lutin qui trottait sur le muret se transforme en... deux doigts...

...voilà que dans la boîte en bois du poste de radio, il n'y a plus d'artiste, mais des lampes et des filaments...

...voilà que les gros nuages blancs ne sont plus rien, sinon de la vulgaire eau en suspension dans l'air...

Peu après ces découvertes, les enfants deviennent des adultes. Les adultes aussi, sont de grands gosses. Mais ce ne sont plus des enfants.

LE VILAIN PETIT CANARD

UN CONTE ADAPTÉ
(ASSEZ LIBREMENT):
D'ANDERSEN.

IL ÉTAIT UNE FOIS,
UNE CANE ET UN CANARD.

OR, IL ADVINT QU'EN UN JOUR RADIEUX, LA CANE EUT DES ESPÉRANCES.

MAIS HÉLAS, LORSQUE CES ESPÉRANCES DEVINRENT RÉALITÉ, IL ADVINT QU'ILS EURENT UNE BIEN FÂCHEU-SE SURPRISE.

CAR JUGEZ DE LEUR ÉMOI, LARIDON-LARIDA, QUAND PARMI LES CANETONS, LARIDON-TONTAINE-TONTON, ILS EN VIRENT UN QU'ÉTAIT MA FOI...

COIN!
COIN!
OIN!
COIN!
COIN!

...VIRENT QU'UN DES CANETONS, LARIDON-TONTAINE-TONTON, ÉTAIT UN VRAI LAIDERON !! HOULALA QU'IL AVAIT L'AIR CLOCHE QU'IL ÉTAIT LAID, VILAIN ET MOCHE !

LE CANETON ÉTAIT SI LAID
QUE SES SŒURS,
QUE SES FRÈRES,
SANS LE MOINDRE BRIN DE PITIÉ,
DE LUI SE MOQUÈRENT.

LORSQU'ILS VIRENT CE
REJETON,
LES PARENTS D'ABORD
PLEURÈRENT,

MAIS VITE ILS SE
RÉSIGNÈRENT
ET CHASSÈRENT LE
CANETON ...
CAR...

...OUYOUYOUYE, QU'IL AVAIT
L'AIR CLOCHE,
QU'IL ÉTAIT LAID, VILAIN
ET MOCHE !

EH! LES
GARS! JE M'EN
VAIS, JE PEUX
PLUS TENIR !

LE CANETON S'EN ALLA DE
PAR LE VASTE MONDE. OR, IL
ADVINT QU'IL ALLA DE DÉ-
CEPTION EN DÉCEPTION (COMME
VOUS POUVEZ LE CONSTATER, À PARTIR
DE LÀ, ÇA NE RIME PLUS).

ON JOUE,
LES COPAINS
?

PERSONNE NE VOULAIT DE
SA COMPAGNIE.

POUAH !   FI !   BEUH !

ON LE BAFOUAIT,
ON LE RAILLAIT,
ON L'HUMILIAIT...
PARCE QUE...

JE FINIS PAR ME DEMANDER SI JE N'AI PAS QUELQUE CHOSE SUR LE NEZ...

(ET ALLONS-Y LES CHŒURS :)
...OUAP-PUNAISE, QU'IL AVAIT L'AIR CLOCHE, QU'IL ÉTAIT LAID, VILAIN ET MOCHE !

BON, C'EST PAS LE TOUT DE RIGOLER...

ET AINSI, JOUR APRÈS JOUR, TOUTES LES BÊTES RIAIENT DE LUI, DE LA PLUS GRANDE À LA PLUS PETITE.

IL ADVINT MÊME QUE SA RENOMMÉE DÉPASSA LES FRONTIÈRES.

SI VOUS N'ÊTES PAS SAGES, J'APPELLE LE VILAIN PETIT CANARD !!

MÊME LES CRAPAUDS LUI JETAIENT DES CAILLOUX !

ET MÊME, IL Y A UNE ANECDOTE, AU SUJET D'UN DE CES CAILLOUX MAL LANCÉ : UN JOUR, ISAAC NEWTON... HUM... JE VOUS LA RACONTERAI UNE AUTRE FOIS...

LE MALHEUREUX ESSAYA BIEN DE SE VOILER LA FACE... CAR...
(TOUS AVEC MOI :)
...CRÉ BON SANG, QU'IL AVAIT L'AIR CLOCHE, QU'IL ÉTAIT LAID, VILAIN ET MOCHE !

HÉLAS ! PEINE PERDUE ! CELA NE FAISAIT QU'ENVENIMER LES CHOSES !

BONG!

AINSI, IL ADVINT QU'IL FUT DE PLUS EN PLUS MALHEUREUX...

J'AI RAREMENT VU UN CANARD SI MAL FICHU !

MÊME LES PLUS LAIDS LE FUYAIENT... CAR...
(ET ONE MORE TIME :)

ZUT ET FLÛTE QU'IL AVAIT L'AIR CLOCHE, QU'IL ÉTAIT LAID, VILAIN ET MOCHE !

OR, IL ADVINT QU'UN JOUR, TANT IL EUT DE COMPLEXES QU'IL FIT UN NERVOUS BREAKDOWN.

HÉLAS! HÉLAS! POURQUOI SUIS-JE UN VILAIN PETIT CANARD!

C'EST ALORS QU'UNE VOIX MAJESTUEUSE LUI FIT DRESSER L'OREILLE. (QU'IL AVAIT D'AILLEURS ÉGALEMENT DIFFORME).

Mon enfant, sèche les larmes!

... car tu n'es pas un canard... tu es un grand Cygne!!

gloria hallelyya

LE PAUVRET N'EN REVENAIT PAS! LUI DE QUI TOUT LE MONDE DISAIT: (ALL TOGETHER) NOM D'UNE PIPE, QU'IL A L'AIR CLOCHE, QU'IL EST LAID, VILAIN ET MOCHE!

PAS POSSIBLE!!

COMME JE TE LE DIS!

TOUS SES MALHEURS PRENAIENT FIN! HEUREUX, IL SUIVIT SON BIENFAITEUR.

LA PRÉDICTION SE RÉVÉLA EXACTE. EN QUELQUES MOIS, IL DEVINT UN GRAND CYGNE!

(N.B. MAIS DE TOUTE FAÇON, CELA NE RESOLUT PAS SON PRO- BLÈME, CAR, CANARD OU CYGNE, IL N'EN EMBELLIT PAS POUR AUTANT.)

MORALITÉ :
LAID ... BEAU ... BAH ...
TANT QU'ON A LA
SANTÉ ...
●●●

LA RUBRIQUE-À-BRAC,
UNE ÉPOPÉE BOULEVERSANTE
ET GRANDIOSE ...
LE RETOUR DU
VILAIN GRAND
CYGNE !
C'EST UNE EXCLUSIVITÉ
PILOTE ! (NON C'MÂTIN !
♪ WOOPIE ! QUEL JOURNAL !)

les beaux contes de notre enfance (suite et fin)

LE RETOUR DU VILAIN GRAND CYGNE

(SUITE DU VILAIN PETIT CANARD, D'ANDERSEN)_(1)

(1)_VOIR PILOTE N° 438_

RÉSUMÉ DES CHAPITRES PRÉCÉDENTS.
LE PETIT CANARD ÉTAIT TRÈS MALHEUREUX, PARCE QU'IL ÉTAIT VILAIN. (1)

C'EST EXACT

(1)_VOIR PILOTE DE LA SEMAINE DERNIÈRE

MAIS UN JOUR, ON LUI FIT UNE RÉVÉLATION : (1)

Mon enfant, sèche tes larmes, car tu es un grand cygne!

(1)_VOIR PILOTE N°438_LA RUBRIQUE-À-BRAC.(LA SEMAINE DERNIÈRE).

EFFECTIVEMENT, IL DEVINT UN GRAND CYGNE, MAIS IL RESTA VILAIN (1)

C'EST EXACT, ET IL N'Y A PAS DE QUOI PAVOISER.

(1)_VOIR LA RUBRIQUE-À-BRAC_PILOTE N°438_DU 14 MARS 1968.(C'EST CE-LUI DE LA SEMAINE DERNIÈRE).

DE SORTE QU'IL CONTINUA À SE LAMENTER COMME PAR LE PASSÉ.

AH! J'AIME-RAIS TANT ÊTRE UN NOBLE SEIGNEUR !

AU COURS D'UN DE CES ACCÈS DE CAFARD, UNE GRENOUILLE LUI DIT:

Mon enfant, sèche tes larmes, car tu es un grand nigaud!

À D'AUTRES! ON M'A DÉJÀ FAIT LE COUP UNE FOIS!!

MAIS NON, TU N'Y ES PAS! JE VOULAIS TE DIRE D'ALLER VOIR LE CASTOR, RÉPUTÉ POUR SA SAGESSE, ET QUI POURRA METTRE FIN À TES TOURMENTS!

ET LE VILAIN GRAND CYGNE ALLA TROUVER LE CASTOR.

UN FOL ESPOIR S'EMPARE DE TOUT MON ÊTRE!

AH! J'AIMERAIS TANT ÊTRE UN NOBLE SEIGNEUR!

JE SUIS BRICOLEUR, MAIS MON HABILETÉ A DES LIMITES. VA DONC VOIR LA TORTUE, RÉPUTÉE POUR SA SAGESSE.

ET LE VILAIN GRAND CYGNE ALLA TROUVER LA TORTUE.

TOC TOC TOC

49

QU'EST-CE QUE C'EST ?

ON M'A DIT QUE VOUS POURRIEZ M'AIDER... J'AIMERAIS TANT ÊTRE UN NOBLE SEIGNEUR !

couic

JE PEUX TE DONNER · UN TUYAU : VA DONC VOIR L'ÉCUREUIL RÉPUTÉ POUR SA SAGESSE ...

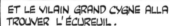

ET LE VILAIN GRAND CYGNE ALLA TROUVER L'ÉCUREUIL.

FLAP FLAP

FLAP FLAP

QUAND JE PENSE QUE JE POURRAIS ÊTRE SI MAJESTUEUX, EN CE MOMENT !

AH ! J'AIMERAIS TANT ÊTRE UN NOBLE SEIGNEUR !

JE SUIS OCCUPÉ, JE REPEINS MON APPARTEMENT... MAIS VA DONC VOIR LE LAPIN, RÉPUTÉ POUR SA SAGESSE.

ET LE VILAIN GRAND CYGNE ALLA VOIR LE LAPIN.

MONSIEUR LAPIN ! PUIS-JE VOUS DIRE UN MOT ?

ENTREZ, JE VOUS PRIE !

...CAR VOYEZ-VOUS, J'AIMERAIS TANT ÊTRE UN NOBLE SEIGNEUR!

VA DONC VOIR LE HIBOU, RÉPUTÉ POUR SA SAGESSE!

JE PEUX AUSSI TE DONNER L'ADRESSE DU RATON LAVEUR, RÉPUTÉ POUR SA BLANCHISSERIE.

ET LE VILAIN GRAND CYGNE ALLA VOIR LE HIBOU.

IL FAUT SOUFFRIR POUR ÊTRE BEAU... OOoo

VOILÀ: J'AIMERAIS ÊTRE UN NOBLE SEIGNEUR, ALORS POUR GAGNER DU TEMPS, INDIQUEZ-MOI TOUT DE SUITE LA PERSONNE RÉPUTÉE POUR SA SAGESSE QUE JE DOIS ALLER VOIR.

ATTENDS... LAISSE-MOI RÉFLÉCHIR... J'AI LÀ UN VIEUX GRIMOIRE RÉPUTÉ POUR SA SAGESSE, OÙ IL EST QUESTION D'UN NOBLE SEIGNEUR...

EH BEN, C'EST PAS TROP TÔT.

VA VOIR DE MA PART LA FÉE GUIMAUVE, ET DIS-LUI QUE TU VOUDRAIS ÊTRE LE NOBLE SEIGNEUR DÉCRIT DANS CE GRIMOIRE.

LA FÉE GUIMAUVE NE SERAIT-ELLE PAS RÉPUTÉE POUR SA SAGESSE?

ET LE VILAIN GRAND CYGNE ALLA VOIR LA FÉE GUIMAUVE.

IL FAUDRA QUE JE METTE LA GRENOUILLE ET LE HIBOU EN RAPPORT, ÇA ÉVITERA DES DÉMARCHES FASTIDIEUSES.

AH, BONNE FÉE ! J'AIMERAIS TANT ÊTRE LE NOBLE SEIGNEUR DE CE GRIMOIRE, RÉPUTÉ POUR SA SAGESSE.

HUM... VOYONS CE GRIMOIRE...

QU'EST-CE QU'ELLE EST SYMPATHIQUE !

ET... TU DIS QUE TU VEUX ÊTRE LE NOBLE SEIGNEUR DÉCRIT DANS CE GRIMOIRE ?

OH OUI ! OH OUI !

MOI... JE VEUX BIEN...

Mon enfant, sois exaucé !

ET VOILÀ LE TRAVAIL !

Ô JOIE...

52

...ENFIN !

JE VAIS VITE ALLER REMERCIER LE HIBOU !

M. Leprince
de Beaumont
la
Belle
et la
Bête

C'EST AINSI QUE S'ACHÈVE
L'HISTOIRE DU VILAIN
GRAND CYGNE, RÉPUTÉ
POUR SA BÊTISE.

premier avril zoologique

"LE RIRE EST LE PROPRE DE L'HOMME!". C'EST VITE DIT... LES DOCUMENTS QUI SUIVENT, MONTRANT QUELQUES PÉRIPÉTIES D'UNE JOURNÉE DE 1⁰ AVRIL CHEZ LES ANIMAUX PROUVENT BIEN QUE NOS FRÈRES INFÉRIEURS SAVENT AUSSI, À L'OCCASION, SE PAYER UNE PINTE DE BON SANG.

LE PÉLICAN ET LE SINGE OTO-RHINO-LARYNGOLOGISTE.

FAITES AH

PONG

AH

LE LION ET LA GAZELLE.

SLURP

LE CROCODILE ET "L'OISEAU-QUI-LUI-NETTOIE-LES-DENTS!"(1)

1. RÉCOMPENSE A QUI ME FOURNIRA LE NOM DE CET OISEAU.

LE COBRA ET LA MANGOUSTE.

RON...
...ZZZ...

RON...
ZZZ...

LA PANTHÈRE ET LES TERMITES.

LE PUTOIS ET SON CONGÉNÈRE FACÉTIEUX.

L'ÉLÉPHANT ET LE PIC-VERT.

LA GUENON ET SON PLAISANT COMPÈRE.

raconter une blague : tout un art !

QUAND VOUS VOULEZ RACONTER UNE HISTOIRE DRÔLE, ÉVITEZ CECI :

VOUS CONNAISSEZ CELLE DU FOU QUI REPEINT SON PLAFOND, ET L'AUTRE FOU QUI LUI DIT : "ACCROCHE-TOI AU PINCEAU, J'ENLÈVE L'ÉCHELLE" ?

NON !
RACONTE.
– NON !
– VAS-Y !
RACONTE !
NON !
NON !
NON
NON
VAS-Y !

BON . LA VOICI : UN FOU EST EN TRAIN DE REPEINDRE SON PLA- FOND. UN AUTRE ARRIVE ET LUI DIT : "ACCROCHE- TOI AU PINCEAU, J'EN- LÈVE L'ÉCHELLE".

VOUS REMAR- QUEREZ QU'IL Y A REDITE.

ÉVITEZ AUSSI D'ANNONCER, AVANT DE RACONTER VOTRE HISTOIRE

LES GARS ! ÉCOUTEZ CELLE LÀ, VOUS ALLEZ RIRE !

LE SIMPLE FAIT DE CETTE ANNONCE SUF- FIT À RENDRE VOTRE HISTOIRE SINISTRE.

D'UNE FAÇON GÉNÉRALE, ÉVITEZ DE GÂCHER VOS EFFETS .

ET MAINTENANT, PASSONS EN REVUE QUEL- QUES FAÇONS DE RACONTER UNE HISTOIRE DRÔLE .

LES COPAINS, VOUS ALLEZ BIEN RIRE .

LA FAÇON COURANTE.

J'EN CONNAIS UNE : Y'A, COMME ÇA, UN FOU, QUI EST EN TRAIN DE REPEINDRE SON PLAFOND.

D'UN SEUL COUP, Y A UN AUTRE FOU QUI RAPPLIQUE. Y LUI DIT COMME ÇA...

"HÉ VIEUX, QU'Y DIT, ACCROCHE-TOI AU PINCEAU, J'ENLÈVE L'ÉCHELLE!"

QU'Y LUI DIT COMME ÇA...

CLIC!

TOC TOC

IL Y A CELUI QUI IMITE LES ACCENTS.

TÉ ! PEUCHÈRE ! VÉ ! MARIUS, QUI EST FADA, REPEING LE PLAFONG DE SON CABANONG, TÉ !..

VÉ

OUA BOUDI

OLIVE, QUI EST FADA AUSSI, TÉ, ARRIVE. PEUCHÈRE, QU'IL REGARDE MARIUS COMME UNE RASCASSE QUI SE BOIT UNE COUGOURDE DE PASTIS, VÉ ! OH, BOUDIOU !

TÉ

VOUÈY

ET ALOREU, TÉ, POCHÈREU !.. ILEU LUI DIT : " OH, CAGASSE ! TU TEU PRENG LE PEIGNCEAU, VÉ !.. QUE JE LÈVE L'ÉCHELLE !.. OH, FANE DEU CHICHOUNE, QUÉ FOUCHTRA, LA BAGASSE, MONNDIÉ !

LES PAGES ROSES...

PETIT LA ROUSSE

VÉ LA PITCHOUNE

ACH ZO ! DAMNED

66

UN BREF COUP D'ŒIL, ENFIN, SUR LE SPÉCIALISTE DES HISTOIRES ... ...SALÉES... HUM...

(✳) VOUS NE PENSIEZ PAS QUE J'ALLAIS VOUS LA RACONTER, NON ?

67

le pluvian. oiseau dentiste

À LA SUITE DE LA VASTE ENQUÊTE LAN-CÉE DANS LA "R-Â-B" DU N° 440, ET CONCERNANT LE NOM DE L'OISEAU QUI NETTOIE LES DENTS DU CROCODILE, J'AI REÇU UN NOMBRE INCALCULABLE DE LETTRES. (19 EN TOUT). VOICI LES REN-SEIGNEMENTS RÉSULTANT DE CE SONDA-GE : *ORDRE DES CHARADRIIFORMES.. FA-MILLE DES STARNIDÉS.. DES ÉCHASSIERS.. PLUVIAN.. GARDE-BOEUF. PIQUE-BOEUF.. CURE-DENTS.. TROCHYLUS.. BOUPHAGA.. JACANA.* JE N'EN DEMANDAIS PAS TANT. CES LECTEURS RECEVRONT DONC UN PLU-VIAN DÉDICACÉ, QUE JE COMPTE ALLER CAPTURER MOI-MÊME EN AFRIQUE. MAIS SURTOUT, QU'ILS SOIENT PATIENTS! VOUS SAVEZ CE QUE C'EST, AVEC LA POSTE ...

DONC, PUISQUE NOUS AVONS L'EMBARRAS DU CHOIX, APPELONS CE CHARMANT OISEAU LE "PLUVIAN", ET PUISONS DANS LE COURRIER REÇU POUR JETER UN BREF COUP D'OEIL SUR SES MOEURS.

UNE REMARQUE INTÉRESSANTE DE *NICOLAS KOCHER, DE FRESNES* : LE PLUVIAN PEUT ÊTRE CONSIDÉRÉ COMME LE DENTISTE DE LA JUNGLE.

C'EN EST UNE DU FOND

ON VA VOIR ÇA MON PETIT

LE JEUNE *PHILIPPE JOURNAU*, D'ORSAY, SIGNALE : LE PLUVIAN PASSANT SES JOUR-NÉES DANS LA GUEULE D'UN CROCODILE, CELA FINIT PAR REJAILLIR SUR SA VIE PRIVÉE.

DE J. JACQUES RÉGHEM, DE St SAULVE : LE PLUVIAN EST REMARQUABLE PAR SA GRANDE CONSCIENCE PROFESSIONNELLE.

DE *G. HUBERT-RICHOU, DE S.T MAUR*: CERTAINS DE CES — OISEAUX NETTOIENT ÉGALEMENT LES ÉLÉPHANTS QU'ILS SUIVENT PARTOUT, MARCHANT ENTRE LEURS PATTES, SANS QUE LE PACHYDERME PIÉTINE LE *GRACIEUX VOLA-TILE*. C'EST A PEINE CROYABLE.

L.PIERRE PONT, DE LILLE, ME CITE LE CAS INTÉRES-
SANT D'UN PLUVIAN AFFLIGÉ DE MYOPIE.

MICHEL PETIT, DE TOULON, M'ENVOIE
UNE DOCUMENTATION DÉTAILLÉE CON-
CERNANT UN PLUVIAN SUR LE RETOUR,
ATTEINT DE PRESBYTIE.

BON, ON Y VA,
MON VIEUX
CROCO ?

NOTONS AU PASSAGE L'EXQUISE DÉLI-
CATESSE DU LÉZARD, QUI SE MET LIT-
TÉRALEMENT EN QUATRE POUR NE
PAS FROISSER LE PLUVIAN.

73

IL FAUDRAIT PEUT-ÊTRE MÊME VOIR LÀ L'ORIGINE DE SON CRI.

Youyouyouy! ouyouy!

ouy! ouy!
ouyouyouy!
ouy!

MERCI POUR TOUTES CES PRÉCISIONS. VOUS TOUS QUI DÉSIREZ VOIR LA "R-A-B" ÉTUDIER DES QUESTIONS IMPORTANTES, ÉCRIVEZ-MOI, JE ME FERAI UN PLAISIR DE (MAL-)TRAITER TOUT SUJET INTÉRESSANT.

SON VOISIN, AU CONTRAIRE, ÉTANT
TOUT COUSU D'OR, CHANTAIT PEU...

...DORMAIT MOINS ENCORE.
C'ÉTAIT UN HOMME DE FINANCE.

SI, SUR LE POINT DU JOUR PARFOIS, IL
SOMMEILLAIT...

...LE SAVETIER ALORS, EN CHANTANT L'ÉVEILLAIT.

ET LE FINANCIER SE PLAIGNAIT QUE LES SOINS DE LA PROVIDENCE...

...N'EUSSENT PAS AU MARCHÉ FAIT VENDRE LE DORMIR...

JE VOUS PRÉVIENS, PAS AVANT LA SE-MAINE PROCHAINE

...COMME LE MANGER ET LE BOIRE.

78

EN SON HÔTEL IL FAIT VENIR LE *CHANTEUR* ET LUI DIT :

OR ÇA, SIRE GRÉGOIRE, QUE GAGNEZ-VOUS PAR AN ?

PAR AN, MA FOI, CE N'EST POINT MA MANIÈRE DE COMPTER DE LA SORTE : ET JE N'ENTASSE GUÈRE UN JOUR SUR L'AUTRE : IL SUFFIT QU'À LA FIN J'ATTRAPE LE BOUT DE L'ANNÉE, CHAQUE JOUR AMÈNE SON PAIN.

?

TANTÔT PLUS, TANTÔT MOINS : LE MA... ... E TOUJO... ... NS CE ... ... NS S... ... EZ HO... ... E MAL ... ... ANS L'AN S'ENTR... ... NT DES JOURS QU'IL FAL... NE EN FÊ... L'AUT... QU... TOU...

OUI, D'ACCORD...

J'ENTENDS BIEN, MAIS ...

COMMENT DIRAIS-JE ...

ON N... QUI... F... A ...

...VU SOUS CET ANGLE, OUI ...

AH BON ! TIENS, TIENS ?

QU'EST-CE QU'IL CAUSE BIEN CE SA-VETIER

...ARGE JE .

LE FINANCIER, RIANT DE SA NAÏVETÉ LUI DIT :

HA HA JE VOUS VEUX METTRE AUJOURD'HUI SUR LE TRÔNE.

HA HA HA HA

PRENEZ CES 100 ÉCUS, GARDEZ-LES AVEC SOIN, POUR VOUS EN SERVIR AU BESOIN.

LE SAVETIER CRUT VOIR TOUT L'ARGENT QUE LA TERRE AVAIT DEPUIS PLUS DE 100 ANS, PRODUIT POUR L'USAGE DES GENS.

IL RETOURNE CHEZ LUI. DANS SA CAVE IL ENSERRE L'ARGENT ET SA JOIE À LA FOIS.

PLUS DE CHANT: IL PERDIT LA VOIX, DU MOMENT QU'IL GAGNA CE QUI CAUSE NOS PEINES.

LE SOMMEIL QUITTA SON LOGIS. IL EUT POUR HÔTES LES SOUCIS, LES SOUP-ÇONS, LES ALARMES VAINES...

... SI QUELQUE CHAT FAISAIT DU BRUIT, LE CHAT PRENAIT L'ARGENT.

À LA FIN, LE PAUVRE HOMME S'EN COURUT CHEZ CELUI QU'IL NE RÉVEILLAIT PLUS.

LA FIN, VOUS LA CONNAISSEZ : LE SAVETIER REND LES 100 ÉCUS AU FINANCIER. C'EST, BIEN SÛR, UNE SOLUTION...RENDONS HOMMAGE AU BON LA FONTAINE, ET À SON SENS AIGU DU GAG. POUR MA PART, J'AI TROUVÉ UNE AUTRE CHUTE À CE SKETCH DÉSOPILANT :

LE SAVETIER SE PRÉSENTA
AU FINANCIER COMME UN CLIENT,
LES CENT ÉCUS IL LUI DONNA
POUR QU'IL LES PLACE À DIX POUR CENT.

C'EST AINSI QU'À LA FOIS
IL DEVINT ÉCONOME,
ET QU'IL RÉCUPÉRA
SES CHANSONS ET SON SOMME.

C'EST LA JAVA BLEUE
LA JAVA LA PLUS BEEEELLE

QUE CECI SOIT UNE LEÇON :
EN SAVATES OU EN FINANCES,
RAPPELEZ-VOUS BIEN QU'EN FRANCE,
TOUT FINIT PAR DES CHANSONS.

CEEELLE QUI
ENSORCEEELLE...

guignol

lutte inégale

IL Y A DES CHOSES QUI ME RÉVOLTENT. PAR EXEMPLE, DÈS QU'ON PARLE COBRA ET MANGOUSTE, ÇA Y EST! C'EST LE VILAIN, L'AFFREUX COBRA, L'HORRIBLE SERPENT À LUNETTES, ETC... ETC... ET LA MANGOUSTE, C'EST LA GENTILLE, L'INNOCENTE, LA COURAGEUSE MANGOUSTE, ET PATATI ET PATATA... EH BIEN NON! UNE TELLE PARTIALITÉ ME MET DANS DES COLÈRES NOIRES!

GENTILLE? INNOCENTE? COURAGEUSE? CETTE BESTIOLE? NON MAIS LAISSEZ-MOI RIRE! ET D'ABORD, REGARDEZ-MOI UN PEU CETTE ALLURE:

ET REGARDEZ, MAINTENANT, CELUI QU'ON VEUT RENDRE RESPONSABLE DE TOUS LES MAUX DE LA TERRE! CES YEUX SI IMPLORANTS, CET AIR SI MALHEUREUX!.. CRUEL? LE COBRA?.. ALLONS, NE PLAISANTONS PAS, QUOI!..

ALORS ON VOUDRAIT NOUS FAIRE CROIRE QUE CETTE PAUVRE BÊTE, AF-
FLIGÉE DE MYOPIE (ELLE PORTE DES LUNETTES) PERSÉCUTERAIT LA MAN-
GOUSTE ? ALLONS, ALLONS !... REGARDEZ DÉJÀ LA DIFFÉRENCE DE
TAILLE :

DOCUMENT PROUVANT
QUE LA MANGOUSTE EST
PLUS GRANDE QUE LE
COBRA. (D'OÙ LÂCHETÉ).

PARCE QUE SI ON VEUT M'ÉNERVER, JE LA DIRAI,
MOI, LA VÉRITÉ !... ET QUE D'ABORD, C'EST TOU-
JOURS LA MANGOUSTE QUI COMMENCE !... ELLE
PROVOQUE LE COBRA ! AH !...

FFFFROOUTT...

ALORS LE COBRA, FORCÉMENT, IL VEUT
CORRIGER CE MAL-ÉLEVÉ, ET APRÈS ?
C'EST HUMAIN, NON ?

LA MANGOUSTE PROFITE DE SES PATTES POUR SAUTER, TIENS !.. C'EST TROP FACILE ! ET LE COBRA, HEIN ? IL EN A, DES PATTES, LE COBRA ?..

JE LE DIS BIEN HAUT : LA MANGOUSTE EST UNE GRANDE LÂCHE.

SANS COMPTER QU'ELLE A PU S'ENDUIRE DE SAVON AVANT... ET ON ACCUSE LE COBRA !.. RÉVOLTANT.

93

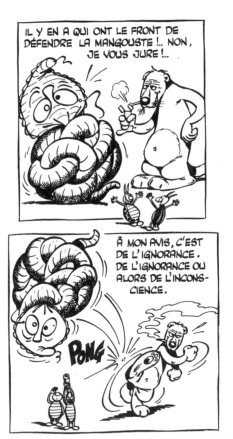

IL Y EN A QUI ONT LE FRONT DE DÉFENDRE LA MANGOUSTE !.. NON, JE VOUS JURE !...

À MON AVIS, C'EST DE L'IGNORANCE. DE L'IGNORANCE OU ALORS DE L'INCONSCIENCE.

PONG

TIENS, À CE PROPOS, C'EST COMME ÇA QU'UN JOUR, ISAAC NEWTON QUI SE PROMENAIT REÇUT UN COBRA SUR LA TÊTE.

PONG.

GRÂCE À CET INCIDENT, IL CONÇUT SA FAMEUSE LOI SUR LA CHUTE DES CORPS. CETTE ANECDOTE ME FAIT RIRE TERRIBLEMENT QUAND JE NE SUIS PAS ÉNERVÉ COMME EN CE MOMENT.

ET TU CONNAIS CELLE DU FOU QUI REPEINT SON PLAFOND ?

94

AUTRE RUSE DÉLOYALE UTILISÉE PAR LA MANGOUSTE :

VOUS TROUVEZ ÇA CHOUETTE, VOUS, DE METTRE DU POIL À GRATTER DANS LE DOS D'UN CAMARADE QUI N'A PAS D'ONGLES ? HONTEUX, OUI.

ET LE COUP DU LAPIN, ALORS ?.. LE COBRA ADORE LE LAPIN. BON. ALORS QUE FAIT CETTE IGNOBLE MANGOUSTE ?

BOUM BADABOUM

DILING DILING ♪

ELLE PROFITE DE LA MYOPIE DE SON SOUFFRE-DOULEUR POUR L'ALLÉCHER À L'AIDE D'UN VULGAIRE ERSATZ.

(COMME CHACUN SAIT, LE COBRA HYPNOTISE SA PROIE)

ALORS BIEN SÛR, VOUS PARLEZ SI L'ES-TOMAC EN PREND UN COUP.
JE SUIS DÉSOLÉ MAIS ÇA ME MET HORS DE MOI.

DILING DILNG

BOUM BADABOUM!

BURP

HIC

D'AUTRE PART, JE PRIERAI LES INSECTES QUI FONT LES ZOUAVES DANS MES DESSINS DE BIEN VOU-LOIR ÉVACUER LES LIEUX ! ÇA DISTRAIT L'ATTENTION DU LECTEUR, ET ÇA M'AGACE PRODIGIEUSE-MENT !

MIEUX VAUT NE PAS PARLER DE LA DERNIÈRE DES LÂCHETÉS. REGARDEZ PLUTÔT :

HEP... HÉ HO... VOUS AVEZ VU ?.. ÇA C'EST LE COMBLE. ET IL Y EN A QUI TROUVENT "ÇA" COURAGEUX, GENTIL. BEN FLÛTE.

NON SEULEMENT LE COBRA NE PEUT PAS SE DÉFENDRE, MAIS EN PLUS, IL FAUT QUE LA MANGOUSTE TRUQUE LES GANTS ! SALE BÊTE, VA.

SNIF SNIF

ET ALLEZ DONC. AH C'EST DU PROPRE! VOULEZ-VOUS QUE JE VOUS DISE? QUAND J'ÉTAIS PETIT, UN MAUVAIS CAMARADE M'AVAIT CASSÉ MES LUNETTES. EH BIEN IL A ÉTÉ RENVOYÉ TROIS JOURS! ET C'ÉTAIT BIEN FAIT POUR LUI!

IL EST TEMPS DE FOULER DU PIED LE MYTHE DU GENTIL ANIMAL! À BAS LA MANGOUSTE! À BAS RUDYARD KIPLING!

COMMENT ÇA? LES LUNETTES DU COBRA NE SONT PAS EN VERRE?.. SA MORSURE EST MORTELLE?.. ET ALORS! SI JE N'AVAIS PAS DE DOCUMENT, MOI, POUR DESSINER LE COBRA!?!... ET PUIS NE MÉLANGEONS PAS LES SUJETS, VOULEZ-VOUS!!

ÇA NE CHANGE RIEN À RIEN!.. LA MANGOUSTE ME DÉGOUSTE!..

Au commencement, ça fait déjà un bon bout de temps de ça, il n'y avait rien du tout.

Ensuite, il y a eu la terre.

A un moment donné, deux cellules sont apparues : une cellule végétale et une cellule animale.

La cellule animale a commencé à se multiplier en se divisant, (ce qui est déjà amusant au départ).

Un beau matin, parmi toutes ces cellules, il y en eut une qui avait une forme bizarre.

Et alors, ça a été le début de ce qu'on a appelé l'évolution.

GLOP.

BURP

Un jour, l'une de ces cellules de forme bizarre a ressenti comme un besoin de se dégourdir les jambes.

Bien sûr, tout cela n'empêchait pas l'évolution de continuer.

?

CLAC!

Ayant ainsi quitté l'élément liquide, la cellule animale en profita pour changer de forme.

PLOUF!

99

Et toujours, l'évolution poursuivait son petit bonhomme de chemin.

En fait, le principe variait peu : dès qu'une cellule animale était à peu près tranquille, une plus grosse arrivait, qui prenait sa place, sans vergogne.

Puis, elle changeait de forme, et le cycle recommençait.

Bref... abrégeons. Cela continua ainsi pendant quelques milliards d'années.

À un moment donné, la cellule animale avait à peu près cette forme :

Le processus d'évolution se poursuivit donc, jusqu'au jour où...

PONG

...il y eut un vainqueur final. (il faut bien y arriver...)

Pour l'instant, le tournoi en est là. Sa cellule animale a conservé sa forme dernière, à quelques détails près.

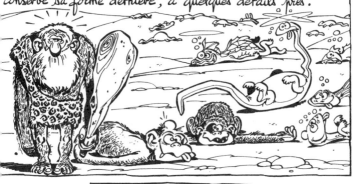

Elle a continué à se multiplier.

On pourrait sûrement suivre de la même façon l'évolution de la cellule végétale.

Au commencement, il n'y avait rien ...

Puis, une cellule animale et une cellule végétale ...

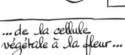

... de la cellule animale à l'enfant ...

... de la cellule végétale à la fleur ...

CRATCH

... tout de même, quand on y pense, qu'est qu'il a fallu, comme crêpages de chignons, pour qu'un enfant puisse sentir une fleur ...

SNIF

D'UN NATUREL SERVIABLE, J'AIME APPORTER MA MODESTE CONTRIBUTION À L'ÉDIFICE DE LA CULTURE MODERNE, EN Y AJOUTANT LA PIERRE QUI, SOUS FORME DE GOUTTE, APPORTE DE L'EAU AU MOULIN, SANS TOUTEFOIS FAIRE DÉBORDER LE VASE. CETTE PHRASE NE VEUT ABSOLUMENT RIEN DIRE, MAIS ELLE EST DRÔLEMENT JOLIE.

BREF, JE PROPOSE UNE SÉRIE DE TESTS QUI VOUS PERMETTRONT, CHERS LECTEURS DE LA "R.A.B.", DE DÉTERMINER VOTRE QUOTIENT INTELLECTUEL (Q.I. POUR LES INTIMES). ET SURTOUT, NE ME REMERCIEZ PAS PRÉMATURÉMENT.

TEST DE LA MÉMOIRE VISUELLE.

A - OBSERVEZ ATTENTIVEMENT LES OBJETS CI-DESSOUS PENDANT 27 MINUTES. REFERMEZ VOTRE JOURNAL ET CITEZ-LES DE MÉMOIRE.

B - OBSERVEZ ATTENTIVEMENT LES OBJETS CI-DESSOUS PENDANT 3 SECONDES. REFERMEZ VOTRE JOURNAL ET ALLEZ FAIRE UN TOUR.

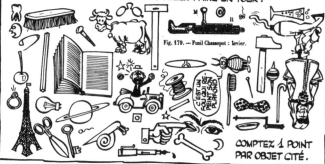

Fig. 179. — Fusil Chassepot : levier.

C'EST UN POIL QUI DE PEINT SUR NOTRE FRONT

COMPTEZ 1 POINT PAR OBJET CITÉ.

TEST DE L'APTITUDE TECHNOLOGIQUE.

METTEZ LES PIÈCES A, B ET C, DANS LEUR TROU RESPECTIF DU MACHIN CI-DESSOUS :

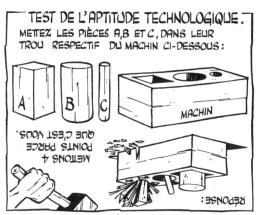

RÉPONSE :

METTONS 4 POINTS PARCE QUE C'EST VOUS.

TEST DE LA PERSPICACITÉ.

À LAQUELLE DES 4 FIGURES DE DROITE CORRESPOND LE PUZZLE CI-DESSOUS :

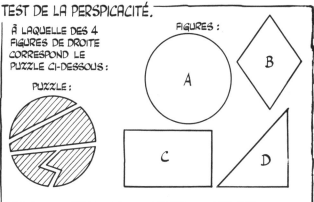

FIGURES :

PUZZLE :

A   B   C   D

TEST DE LA ÉTICACIPSRÈP (INVERSE DU PRÉCÉDENT)

AUQUEL DES 3 PUZZLES DE DROITE CORRESPOND LA FIGURE CI-DESSOUS :

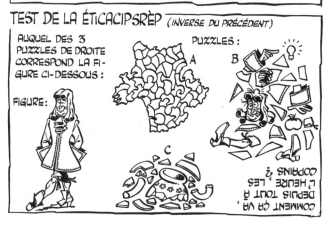

PUZZLES :

A   B   C

FIGURE :

COMMENT ÇA VA, DEPUIS TOUT À L'HEURE, LES COPAINS ?

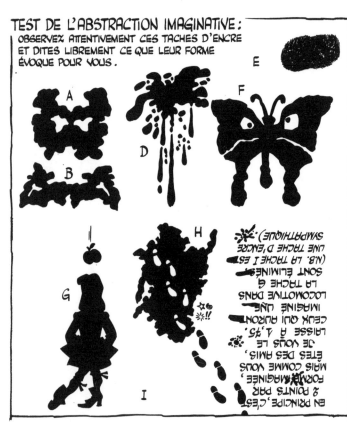

TEST DE L'ABSTRACTION IMAGINATIVE :
OBSERVEZ ATTENTIVEMENT CES TACHES D'ENCRE ET DITES LIBREMENT CE QUE LEUR FORME ÉVOQUE POUR VOUS.

EN PRINCIPE, C'EST 2 POINTS PAR FORME IMAGINÉE, MAIS COMME VOUS ÊTES DES AMIS, JE VOUS LE LAISSE À 1,75. CEUX QUI AURONT IMAGINÉ UNE LOCOMOTIVE DANS LA TACHE G SONT ÉLIMINÉS (N.B. LA TACHE I EST UNE TACHE D'ENCRE SYMPATHIQUE).

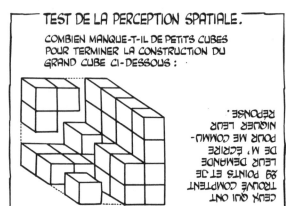

TEST DE LA PERCEPTION SPATIALE.
COMBIEN MANQUE-T-IL DE PETITS CUBES POUR TERMINER LA CONSTRUCTION DU GRAND CUBE CI-DESSOUS :

CEUX QUI ONT TROUVÉ COMPTENT 29 POINTS ET JE LEUR DEMANDE DE M'ÉCRIRE POUR ME COMMUNIQUER LEUR RÉPONSE.

108

TEST DE LA DÉDUCTION.

COMPLÉTEZ LES 8 SÉRIES SUIVANTES :

1 - 2 - 3 - 4 - 5 - 6 - 7 - 8 ...   ?

DO - RÉ - MI - FA - SOL - LA - SI ...   ?

I - S - A - A - C - N - E - W - T - O ...   ?

□ - O - ☆ - □ - O - ☆ - □ - O ...   ?

◎ - ◉ - ◎ - ◎ - ◎ - ◎ - ◉ - ◎ - ◉ ...   ?

-|- ☀ ☀ -|- ☀ ☀ -|- ☀ ...   ?

😀 😊 ☠ 😐 😀 😊 ☠ 😐 😀 😊 ...   ?

🦶 ✌ 🖐 🦶 ✌ 🖐 🦶 ✌ ...   ?

RÉPONSES : 9 - DO - N - ... À FORCE DE TOURNER CE JOURNAL DANS TOUS LES SENS, JE COMMENCE À AVOIR LA NAUSÉE...

TEST DU SENS DE L'ESTHÉTIQUE.

VOICI UN PERSONNAGE NU. CHOISISSEZ PARMI LES 7 COSTUMES QUI SUIVENT, CELUI QUI, À VOTRE AVIS, CONVIENT LE MIEUX À SON PHYSIQUE.

RÉPONSE : CE TEST ÉTANT FACULTATIF IL CONVIENDRA DE FAIRE LA MOYENNE DES DIFFÉRENTES RÉPONSES REÇUES POUR SE FAIRE UNE IDÉE VALABLE.

TEST DU JUGEMENT IMPARTIAL.

PARMI CES PERSONNAGES MONDIALEMENT CONNUS DE LA BANDE DESSINÉE, DITES CELUI QUE, SANS CONTESTE, VOUS JUGEZ LE PLUS ATTACHANT.

CEUX QUI ONT JUGÉ QUE C'EST LE H SONT VRAIMENT DES AMIS. MERCI.

FAITES VOTRE TOTAL DE POINTS, POSEZ 24, RETENEZ 8, AJOUTEZ 15 % DE SERVICE, DÉDUISEZ LA SÉCURITÉ SOCIALE ET LES CONGÉS PAYÉS.

LE CHIFFRE OBTENU VOUS DONNERA VOTRE QUOTIENT INTELLECTUEL.

DÉTAIL AMUSANT, IL VOUS DONNERA ÉGALEMENT L'ÂGE DU CAPITAINE.

une ordonnance maladroite

LA TRISTE HISTOIRE DU LOUP VÉGÉTARIEN MARQUÉ PAR SON HÉRÉDITÉ

AH DOCTEUR ! JE N'EN PEUX PLUS ! JE PASSE DES NUITS ÉPOUVANTABLES ! MOI QUI NE MANGE QUE DES CAROTTES RAPÉES !..

À PEINE ENDORMI, JE SUIS RÉVEILLÉ PAR D'HORRIBLES CAUCHEMARS !.. ET POURTANT, JE NE ME NOURRIS QUE DE LAITUES ET DE SALSIFIS !..

DITES-MOI ÇA MON PETIT.

PAR EXEMPLE, JE M'ENDORS. BON. JE RÊVE QUE JE ME DÉSALTÈRE DANS LE COURANT D'UNE ONDE PURE. JUSQU'ICI, ÇA VA.

SLUUUUURP

OU BIEN ENCORE, JE RÊVE QUE JE SUIS EN VACANCES EN SIBÉRIE. JE GAMBADE ALLÈGREMENT DANS LA NEIGE...

ET À CE MOMENT-LÀ, UN SALE GOSSE APPELÉ PIERRE, À QUI JE N'AI JAMAIS RIEN FAIT M'ATTAQUE SAUVAGEMENT.

ET UNE FOIS DE PLUS, HALETANT, JE SUIS RÉVEILLÉ EN SURSAUT... CE N'EST TOUT DE MÊME PAS LES POIS CHICHES QUE JE MANGE QUI PROVOQUENT CES RÊVES !

AUTRE CAUCHEMAR: JE SUIS POURSUIVI PAR UNE CHÈVRE APPARTENANT À UN CERTAIN "M.SEGUIN", OU JE NE SAIS QUOI... JE COURS DANS LA MONTAGNE.

À LA FIN, JE ME TROUVE COINCÉ ET JE SUIS OBLIGÉ DE ME BATTRE TOUTE UNE NUIT. M.SEGUIN A BEAU L'APPELER, ELLE NE PART PAS, ALLEZ !

BLANCHEEEETTE !!

AU MATIN, JE ME RETROUVE AU BAS DE MON LIT. ET POURTANT, MON SOUPER N'EST CONSTITUÉ QUE DE POMMES DE TERRE EN SALADE !...

PONG !!

QUELQUEFOIS, AUSSI, JE RÊVE QUE JE SUIS *CHEZ MOI*, BIEN INSTALLÉ DANS MON HOME DOUILLET.

QUAND SOUDAIN, LE SOL SE MET À TREMBLER. LES MURS, LE TOIT, TOUT S'ÉCROULE !..

CE SONT TROIS VILAINS GORETS QUI PROFITENT DE MON RÊVE POUR ME DÉMOLIR MA MAISON ! À MOI, DOCTEUR ! MOI QUI NE MANGE QUE DES RADIS !

UNE AUTRE FOIS, JE RÊVE QUE JE VAIS RENDRE VISITE À MA MÈRE-GRAND. DANS LA FORÊT, JE RENCONTRE UNE PETITE FILLE HABILLÉE TOUT EN ROUGE.

ON DISCUTE DE CHOSES ET D'AUTRES...

SAIS-TU QUE TU AS UN JOLI NEZ?

OUI! C'EST POUR MIEUX ME MOUCHER!

SAIS-TU QUE TU AS DE JOLIS CHEVEUX?

OUI! C'EST POUR MIEUX ME PEIGNER!

SAIS-TU QUE TU AS UN JOLI BÂTON?

GUILI GUILI

ET ÇA SE TERMINE RÉGULIÈREMENT COMME ÇA! MOI QUI NE MANGE QUE DES CHOUX!...

OUI! C'EST POUR MIEUX TE COGNER DESSUS!

CE N'EST PLUS UNE VIE, DOCTEUR! JE VOUS LE RÉPÈTE, J'AI HORREUR DE LA VIANDE. SI TOUS CES BRAVES GENS ONT SUBI DES SÉVICES DANS LE PASSÉ, JE NE SUIS TOUT DE MÊME PAS RESPONSABLE DE LA MAUVAISE CONDUITE DE MES ASCENDANTS!

QUE VOULEZ-VOUS MON PETIT, QUAND LES PARENTS MANGENT, LES ENFANTS TRINQUENT!

MAIS JE PENSE QUE LA CAUSE DE VOS ENNUIS EST JUSTEMENT VOTRE RÉGIME VÉGÉTARIEN. VOTRE CONSTITUTION RÉCLAME DE LA VIANDE. VOUS LA LUI REFUSEZ, D'OÙ, DÉRÈGLEMENT...

AH BON?

IL IMPORTE QUE VOUS MANGIEZ DE LA VIANDE. VOUS VERREZ QUE, DU MÊME COUP, VOUS RETROUVEREZ VOTRE ÉQUILIBRE PSYCHIQUE ET UN SOMMEIL EXEMPT DE CAUCHEMARS.

VOUS CROYEZ DOCTEUR ?

ET JE VOUS CONSEILLE DE NE PAS TROP ATTENDRE...

BON.

AUTANT COMMENCER TOUT DE SUITE.

BURP

une invention attachante

À CÔTÉ DES GRANDES INVENTIONS, IL Y EN A EU DE PLUS MODESTES, QUI, SI ELLES N'ONT PAS FAIT GRAND BRUIT, N'EN ONT PAS MOINS CONTRIBUÉ AVEC EFFICACITÉ À LA MARCHE DU PROGRÈS. LEURS AUTEURS N'ONT MÊME PAS LAISSÉ DE NOM DANS L'HISTOIRE. JE TIENS À RÉPARER, AU MOINS, UNE DE CES INJUSTICES. ET PAS PLUS TARD QUE TOUT DE SUITE.

IL S'AGIT D'UN HUMBLE INVENTEUR QUI VIVAIT AU SIÈCLE DERNIER. PERSONNE NE CONNAÎT SON NOM.

C'EST VRAI, C'EST DÉGOÛTANT.

ET POURTANT, C'EST DE SON CERVEAU GÉNIAL QUE DEVAIT SORTIR UN DES GADGETS LES PLUS UNIVERSELLEMENT RÉPANDUS DANS LE MONDE.

PARFAITEMENT

MAIS COMMENÇONS PAR LE COMMENCEMENT. UN JOUR, DONC...

BON. C'EST PAS LE TOUT...

QU'EST-CE QUE JE VAIS BIEN POUVOIR INVENTER, AUJOURD'HUI...

NOTRE HOMME NE SE SENTANT PAS EN VEINE D'INSPIRATION S'EN ALLA FAIRE UN TOUR DANS LA RUE.

ACADEMIE de MUSIQUE

JE NE ME SENS PAS EN VEINE D'INSPIRATION. JE VAIS FAIRE UN TOUR DANS LA RUE.

119

PASSANT DEVANT L'ACADÉMIE DE MUSIQUE, IL S'AMUSA À OBSERVER LES JEUX INNOCENTS DES JEUNES ÉLÈVES DE LA CLASSE DE TROMBONE, QUI ÉTAIENT JUSTEMENT EN RÉCRÉATION.

AMUSONS-NOUS À OBSERVER LES JEUX INNOCENTS DE CES JEUNES ÉLÈVES.

LES ENFANTS SE LIVRAIENT À DES JEUX BIZARRES AVEC LEURS INSTRUMENTS... ILS SE LES LANÇAIENT...

...L'UN D'EUX S'AMUSAIT À TORDRE ET À RETORDRE SON INSTRUMENT DANS TOUS LES SENS...

...JUSQU'À CE QUE CELUI-CI SE CASSE EN DEUX.

KLONK!

120

APRÈS QUOI, LE GALOPIN SE MIT EN DEVOIR DE SE NETTOYER LES ONGLES AVEC L'UN DES MORCEAUX AINSI OBTENUS ...

UN AUTRE DE CES CHENAPANS AVAIT RÉUNI PLUSIEURS INSTRUMENTS ENTRE EUX, POUR S'EN FAIRE UN AMUSANT COLLIER.

LE SAVANT PENSA EN LUI-MÊME: "TOUT CELA ME PARAÎT BIEN PEU RATIONNEL ..."

121

SUR LE CHEMIN DU RETOUR, SONGEUR, IL S'INTERROGEAIT...

JE M'INTERROGE.

IL SE DISAIT QUE CET INSTRUMENT À MUSIQUE ÉTAIT VRAIMENT TRÈS ENCOMBRANT EN TANT QUE JEU.

JE ME DIS QUE CET INSTRUMENT EST VRAIMENT TRÈS ENCOMBRANT, EN TANT QUE JEU.

IL SE DEMANDAIT S'IL N'Y AVAIT PAS UN MOYEN D'ARRIVER À UNE SIMPLIFICATION ...

JE ME DEMANDE S'IL N'Y A PAS UN MOYEN D'ARRIVER À UNE SIMPLIFICATION ...

CE N'EST PAS UN PEU FINI, OUI, DE RÉPÉTER TOUT CE QUE JE DIS ?..

ALORS, FÉBRILEMENT, IL SE MIT AU TRAVAIL.

FÉBRILEMENT, JE ME METS...

HUM...

EXCUSEZ-MOI...

ACCUMULANT LES CROQUIS, LES PROJETS, LES ÉPURES, IL OEUVRA D'ARRACHE-PIED, PENDANT DES JOURS ET DES NUITS.

ET C'EST AINSI QU'IL EN ARRIVA À CE JOYAU DE PURETÉ QUI FAIT LE BONHEUR DE TOUS LES BUREAUX DU MONDE, ET AUQUEL IL CONSERVA SON NOM D'ORIGINE: *LE TROMBONE*.

DEPUIS, GRÂCE À CET OBSCUR INVENTEUR, TOUS LES EMPLOYÉS PEUVENT PASSER DE MERVEILLEUX MOMENTS À SE LANCER DES TROMBONES...

...À LES PLIER ET À LES DÉPLIER, TOUT EN PENSANT À AUTRE CHOSE...

...À S'EN SERVIR ÉVENTUELLEMENT COMME INSTRUMENT DE TOILETTE...

KRITCH
KRITCH

...À S'EN FAIRE DE JOLIS COLLIERS, ET TANT D'AUTRES CHOSES PLUS FASCINANTES LES UNES QUE LES AUTRES!

ET MÊME, PLUS TARD, ON DÉCOUVRIT QUE CE JOUJOU MERVEILLEUX POUVAIT AVOIR UNE UTILISATION PRATIQUE : ON DÉCOUVRIT QU'IL POUVAIT SERVIR À ATTACHER ENSEMBLE DES FEUILLES DE PAPIER !

ET VOUS TROUVEZ ÇA NORMAL, VOUS, QU'ON N'AIT MÊME PAS RETENU LE NOM DU GÉNIAL INVENTEUR DE L'ATTACHE-TROMBONE ?

C'EST DÉGOÛTANT, OUI !

PARUS

LUCKY LUKE - AVENTURES DANS L'OUEST - Morris-Goscinny - 7001
ACHILLE TALON - LE MYSTÈRE DE L'HOMME A DEUX TÊTES - Greg - 7002
BLAKE ET MORTIMER - LE SECRET DE L'ESPADON 1 - Jacobs - 7003
SNOOPY - REVIENS SNOOPY - Schulz - 7004
BLUEBERRY - LA MINE DE L'ALLEMAND PERDU - Giraud-Charlier - 7005
RUBRIQUE A BRAC - TOME 1 - Gotlib - 7006
TANGUY ET LAVERDURE - LES ANGES NOIRS - Jije-Charlier - 7007
VALÉRIAN - LA CITÉ DES EAUX MOUVANTES - Mézières-Christin - 7008
BOULE ET BILL - LES GAGS DE BOULE ET BILL 1 - Roba - 7009
LA QUÊTE DE L'OISEAU DU TEMPS - LA CONQUE DE RAMOR - Loisel-Letendre - 7010
PARTIE DE CHASSE - Bilal-Christin - 7011
LÉONARD - LÉONARD EST TOUJOURS UN GÉNIE - Turk-De Groot - 7012

A PARAÎTRE

BLAKE ET MORTIMER - LE SECRET DE L'ESPADON 2 - Jacobs
BLUEBERRY - LE SPECTRE AUX BALLES D'OR - Giraud-Charlier
IZNOGOUD - LE GRAND VIZIR IZNOGOUD - Tabary-Goscinny
ACHILLE TALON - LE QUADRUMANE OPTIMISTE - Greg

POCKET B.D.

EDITIONS PRESSES ❤ POCKET
8, rue Garancière 75285 Paris Cedex 06
Tél. (1) 46.34.12.80

Imprimé par Ouest Impressions Oberthur
35000 RENNES